CARLOS AGUIRRE REYES, SSP

El apóstol milenial de la esperanza

Novena a Carlo Acutis

AF276483

SAN PABLO

3.ª edición

© SAN PABLO 2025
   Protasio Gómez, 11-15. 28027 Madrid
   Tel. 917 425 113
   secretaria.edit@sanpablo.es - www.sanpablo.es
© Carlos Eduardo Aguirre Reyes, SSP, 2025

Distribución: SAN PABLO. División Comercial
Resina, 1. 28021 Madrid * Tel. 917 987 375
ventas@sanpablo.es
ISBN: 978-84-285-7254-5
Depósito legal: M. 21-2025
Impreso en Artes Gráficas Gar.Vi. 28970 Humanes (Madrid)
Printed in Spain. Impreso en España

Todos los derechos reservados. Ninguna parte de esta obra puede ser repro-
ducida, almacenada o transmitida en manera alguna ni por ningún medio sin
permiso previo y por escrito del editor, salvo excepción prevista por la ley. La
infracción de los derechos mencionados puede ser constitutiva de delito contra
la Ley de propiedad intelectual (Art. 270 y siguientes del Código Penal). Si
necesita fotocopiar o escanear algún fragmento de esta obra diríjase a CEDRO
(Centro Español de Derechos Reprográficos – www.conlicencia.com).

Presentación

La misericordia da paso a la esperanza. Es la experiencia de quien se ha encontrado con el Señor, es la experiencia de los santos. El encuentro vivo con el Jesús misericordioso no compromete solo la razón, sino a toda la persona. Es la vivencia de los santos, de los más grandes a los más sencillos. Y qué bello es ver esta esperanza evangélica, es decir, que parte de Cristo, en la vida de los jóvenes, que también forman parte de nuestro santoral.

A los cien años de la canonización (17 de mayo de 1925) de santa Teresa de Liseux, Teresita para quienes le profesamos peculiar devoción, se celebra otra canonización que viene acompañada del clamor popular: la de Carlo Acutis. Un joven italiano, cercano a nuestro tiempo, que, al haber vivido en la década de los noventa y haber atravesado el umbral de los 2000, forma parte de lo que muchos llaman la generación milenial.

En los últimos años, muchas casas editoriales han venido realizando diversos proyectos sobre esta figura, tan grata, tan familiar, tan sencilla, que ha acercado a muchos a la fe y que forma parte de un fenómeno que sin duda suscita esperanza: los jóvenes rezan, los jóvenes buscan a Dios, hay jóvenes que quieren vivir su fe hasta las últimas consecuencias. Carlo los representa, en su rostro adolescente, en sus acciones y palabras, podemos encontrar también los gestos e inquietudes de muchos de los jóvenes que aún permanecen en nuestras parroquias y de muchos que, a tientas, buscan ser felices, construir, cumplir sus sueños.

Esta novena busca ser un homenaje a la santidad de Dios, reflejada en nuestro Carlo. Decimos «nuestro», porque lo sentimos así, hijo de nuestro tiempo, de nuestras generaciones más próximas. Esta novena busca también dirigirse a toda la Iglesia, comprometernos con nuestra propia vocación a la santidad y, finalmente, busca ser una brisa de esperanza que nos recuerde que nuestra Iglesia está más viva que nunca, aunque nos digan lo contrario. Está viva porque aún hay señoras rezando el rosario, hombres que viven experiencias de retiro, uno o dos que aún se confiesan, algún matrimonio que todavía viene a misa con sus niños, sacerdotes que se gastan por su gente. Todos ellos movidos por el Espíritu Santo. La esperanza no defrauda.

Fiel al método paulino, que busca hacer oración a través de la experiencia de Jesucristo, Camino, Verdad y Vida, la estructura de esta novena, dentro de sus nueve días, se subdivide en tres partes: Verdad, Camino y Vida.

De la mano de Jesús Verdad, seremos iluminados por la palabra de Dios, que ha iluminado también la vida de nuestro santo amigo. El contacto con las Escrituras y con la vida de los santos nos habla de una relación siempre necesaria para hacer oración. Es preciso estar atentos, dejarnos llevar por lo que el Señor nos dice, también la vida de Carlo es un mensaje de Dios para nuestro tiempo.

De la mano de Jesús Camino, nos dejamos interpelar por la palabra de Dios y por la vida de Carlo. Ningún buen libro puede dejar indiferente a sus lectores, mucho menos la Biblia y la vida de los santos. Esta parte de la novena conserva su importancia porque nos puede poner en jaque, ya que busca una implicación por nuestra parte, corazón a corazón. De ahí las preguntas que encontraréis, todas relacionadas con la primera parte de la novena.

Finalmente, de la mano de Jesús Vida, nos sumergimos en la oración, en el diálogo amoroso con Aquel que sabemos que nos ama. Con la ayuda de Carlo, sabemos que a nuestro encuentro con Jesús se sumará también este santo de vaqueros y zapatillas. Se trata de una oración que compromete, que es una respuesta y a la vez una súplica. Sabemos que Dios conoce muy bien nuestras necesidades, pero anhela que nos ejercitemos en la confianza, en la insistencia de rezar siempre. Rezar es un signo palpable y un termómetro de nuestra esperanza.

Finalmente, a lo largo de la novena, nos iremos encontrando con las famosas frases de Carlo, muchas de ellas se han hecho virales en Internet. Son pequeños pensamientos llenos de contenido, que caben en un posteo de las redes sociales y que, sobre todo, buscan cambiar en nuestro corazón, pero, ¿podríamos profundizarlas para extraer todo su contenido? Ese ha de ser el trabajo espiritual de cada uno.

Que el Señor nos permita ser cercanos a los santos, para imitarlos, para ver las abundantes riquezas de gracia que Dios obra en quienes lo aman, grandes o chicos.

Que nos aleje, sin embargo, de romantizar a los santos, de domesticarlos y de hacerlos virales a la manera del mundo. Carlo es un *influencer*, pero no de los que caducan con el tiempo o son opacados por otros. Carlo es un *influencer* a la manera de Dios, porque está lleno del contenido del Evangelio de Cristo, cuyas palabras no pasan nunca.

Que el ejemplo de nuestro amigo Carlo, de este santo de la Iglesia, cuyo rostro alegre y juvenil nos impulsa a rezarle a Dios, nos motive a mantenernos firmes en la esperanza, para no bajar los brazos, para seguir nuestra peregrinación, y hacer de Cristo, una y otra vez, nuestro proyecto de vida.

José Miguel Villaverde, SSP.

Introducción

Cuando se piensa en un santo, se nos pueden venir a la mente las más increíbles situaciones, revelaciones místicas y hasta muertes cruentas propiciadas por el odio a la fe, etc. Pero sobre todo piensas en otra época, en el medioevo, por ejemplo, o en contextos bélicos o difíciles que no hemos vivido –gracias a Dios– y que, por lo tanto, los pensamos muy lejos de nuestra realidad.

Sin embargo, pensar en un santo que vivió en tu misma época, con los mismos acontecimientos mundiales y los mismos avances tecnológicos o sociales; con los mismos retos en la evangelización que tú mismo has vivido, resulta difícil a la vez que sencillo.

Cuando Carlo murió, yo estaba por finalizar el bachillerato y muchas dudas me invadían: ¿Y si…? ¿Qué pasaría si…? ¿Puedo? ¿Soy capaz? Dudas muy normales para un adolescente que se enfrentará a cambios en su vida.

Casi veinte años después, la vida de Carlo viene a indicarme que ser joven y santo es posible de la manera más sencilla: estar siempre unido a Jesús más allá de las dudas que se puedan tener; la esperanza es un rayo de luz que ilumina nuestro caminar.

En este camino, la total configuración con el Señor es tarea de todo cristiano, pero para quienes compartimos la espiritualidad paulina, es primordial que Cristo se forme en nosotros, así lo deseaba nuestro fundador, el beato Santiago Alberione: *«Donec formetur Christus in vobis»*; conjugar en todo mente, voluntad y corazón para poder «vivir y dar a Jesucristo maestro, Camino, Verdad y Vida a los hombres de hoy con los medios de hoy». Sirva, pues, esta novena para poder honrar la santidad de un joven que, con su carisma y anhelo de evangelización con los medios tecnológicos, quiso vivir siempre unido a Jesús y, como verdadero apóstol, llevarlo con esperanza a los hombres de su tiempo, con los medios de su tiempo.

CARLOS EDUARDO AGUIRRE REYES, SSP.

Carlo Acutis

Nació en Londres el 3 de mayo de 1991 y fue bautizado unos días después en la Iglesia parroquial Nuestra Señora de los Dolores, el 18 de mayo. Pocos meses después volverá a la tierra de sus padres y se establecerá en Milán junto a su familia. Su madre ha declarado que no eran muy creyentes, sin embargo Carlo siempre mostró una devoción particular por la Eucaristía y pidió recibirla, hecho que se concretó en 1998. Esta sería la puerta de entrada definitiva al cielo, pues no dejó de asistir a misa diariamente, de hacer momentos de adoración al Santísimo y de rezar el rosario. Mostró siempre una predilección por los pobres y desprotegidos, a quienes trató de ayudar siempre.

Motivado por la evangelización en los tiempos modernos y aficionado a la informática, con ingenio y disposición, puso los dones que el Señor le había dado para realizar su obra más grande: una página web en donde acopió los milagros eucarísticos de todo el mundo.

Con toda la vida por delante, con solo 15 años es diagnosticado de leucemia e internado de inmediato en el hospital, en donde recibe los cuidados médicos necesarios, así como la asistencia espiritual. Aceptó con determinación y valentía la voluntad del Señor. Solo pasaron cuatro días desde el diagnóstico y entrega su alma al Señor el 12 de octubre de 2006.

En el año 2012 se inicia el proceso de beatificación y canonización y es declarado venerable por el papa Francisco el 5 de julio de 2018. Poco tiempo después, es aprobado el milagro que permitiría la consiguiente beatificación realizada en Asís, en donde descansa su cuerpo, el 10 de octubre de 2020, y se fija su memoria litúrgica para el 12 de octubre.

En 2024, el papa Francisco aprueba un nuevo milagro de Carlo Acutis y fue proclamado santo el 7 de septiembre de 2025 por el papa León XIV.

Oraciones iniciales

+ La señal de la Santa Cruz
Por la señal de la Santa Cruz,
de nuestros enemigos líbranos, Señor,
Dios nuestro.
En el nombre del Padre y del Hijo
y del Espíritu Santo. Amén.

Acto de contrición

Jesús, mi Señor y redentor, yo me arrepiento de todos los pecados que he cometido hasta hoy, y me pesa de todo corazón (*golpeándose el pecho*) porque con ellos he ofendido a un Dios tan bueno.

Propongo firmemente no volver a pecar y confío en que, por tu infinita misericordia, me has de conceder el perdón de mis culpas y me has de llevar a la vida eterna. Amén.

Oración inicial

Santísima Trinidad, Padre, Hijo y Espíritu Santo, te adoro profundamente y te doy gracias por todos los favores y los dones con los que has enriquecido el alma de Carlo Acutis durante sus 15 años vividos en esta tierra y, por los méritos de este amado ángel de la juventud, concédeme la gracia que ardientemente te pido... *(se formula la gracia que se desea obtener)*.

Al finalizar cada día de la novena:

Para pasar bien el día (o la noche)

Querida y tierna Madre mía, María, ayúdame; protege mi inteligencia, mi corazón y mis sentidos, para que no cometa pecado alguno. Santifica mis pensamientos, afectos, palabras y obras, para que te agrade a ti y a Jesús, mi Dios, y alcance así la salvación. Jesús y María, dadme vuestra bendición *(se inclina la cabeza)*: En el nombre del Padre y del Hijo y del Espíritu Santo. Amén.

Día primero

Un don de Dios para la humanidad

Verdad

Jer 1,5-10

«Antes de formarte en el vientre de tu madre te conocí; antes que salieras del seno te consagré; como profeta de las gentes te constituí». Yo dije: «¡Ah, Señor Dios, mira que yo no sé hablar; soy joven!». Pero el Señor me respondió: «No digas: ¡soy joven!, porque adonde yo te envíe, irás; y todo lo que yo te ordene, dirás. No tengas miedo de ellos, porque yo estoy contigo para protegerte, dice el Señor». El Señor extendió su mano, tocó mi boca y me dijo: «Yo pongo mis palabras en tu boca. Mira, en este día te constituyo sobre las naciones y sobre los reinos para arrancar y destruir, para derribar y deshacer, para edificar y plantar».

«El sueño primero, el sueño creador de nuestro Padre Dios, precede y acompaña la vida de todos sus hijos» (*Christus vivit*, 194), concretado en el milagro de la creación. Las palabras de Dios dirigidas al profeta Jeremías confirman su predilección por el género humano. Dios ha elegido un profeta entre su pueblo, joven, inexperto, balbuciente, puede que temeroso y hasta inseguro, pero cuando el Señor se dirige a Jeremías le recuerda que es don para la humanidad. Carlo, consciente de esto, solía decir: «No yo, sino Dios», indicando que no era más que arcilla en manos del alfarero, que se deja moldear día a día, desde el inicio de su vida, dejando actuar a Dios en él; como si de un Jeremías de los tiempos modernos se tratase, yendo hacia donde Dios lo ha mandado, poniendo palabras en su boca y constituyéndolo apóstol de los tiempos modernos.

Carlo nació en Londres en la primavera de 1991, el 3 de mayo. Era el primer y único hijo de un joven matrimonio italiano, de firmes creencias cristianas, aunque no demasiado practicantes, como suele testimoniar su madre. Unos días después de su nacimiento fue bautizado el 18 de mayo en la Iglesia de Nuestra Señora de los Dolores. Pareciera que la elección de aquella parroquia fuese un presagio sagrado de lo que serían sus últimos días de vida, asociándose a Cristo sufriente, como María al pie de la cruz. En ese templo renacía Carlo a la Iglesia. Porque Cristo vive y «te quiere vivo», como nos anima el papa Francisco al inicio de la exhortación apostólica postsinodal *Christus vivit* dedicada a los jóvenes.

Solo la vida puede generar vida, por eso la tierra que no es fértil es incapaz de hacer germinar la semilla que cae en ella, por más cuidados que se le puedan dar. El bautismo nos genera en la vida cristiana, nos separa para vivir la auténtica vocación del cristiano. Carlo lo pensaba de esta manera: «No es posible entender en plenitud el significado de la vocación bautismal si no se considera que esta es para todos, sin excluir a nadie, una llamada a la santidad».

El Señor exhorta al profeta Jeremías a no tener miedo porque siempre le acompañará y protegerá. La vocación del joven Jeremías le viene desde el seno materno. Nuestra misión se inicia desde el instante de nuestra concepción y de la misma manera que somos vida y como tal podemos generar vida, asimismo, el bautismo puede regenerarnos en Cristo.

Para Carlo era preocupante cómo las conveniencias sociales y la cultura del consumo pueden acaparar un momento determinante y significativo en la vida del cristiano: «Las personas no se dan cuenta de qué infinito es este don y aparte de la fiesta, la comida y el vestido blanco, no se preocupan en lo más mínimo de comprender el sentido de este gran don de Dios para la humanidad». El bautismo es tan importante como el nacimiento de una persona. Si la vida de un ser humano es un don invaluable, cuánto más el sacramento del bautismo. Es el punto de partida del cristiano, desde donde tiende hacia la meta soñada, hacia la santidad.

Cuando la vida corre a velocidades inimaginables y la desilusión y la ansiedad se ensañan con nosotros, pensar por un momento en el don de la vida como regalo precioso y, más aún, en el bautismo como nuevo nacimiento, es un aliciente para el alma, porque pensar solo en nosotros mismos es egoísmo, mientras que «la felicidad es dirigir la mirada hacia Dios», como decía Carlo. Dejar que sea Él quien guíe nuestras acciones y pensamientos, nuestra mente, voluntad y sentimientos, es saber corresponder al don que nos ha sido otorgado desde el seno materno.

Camino

«No yo, sino Dios» era el programa de vida de Carlo. ¿Soy capaz de seguir ese mismo programa de vida? ¿Soy consciente del don maravilloso de la vida que se me ha dado? ¿Qué lugar ocupa Dios en mi vida? ¿Doy gracias por todo lo que tengo y a diario se me da? Haz el ejercicio de preguntar por la fecha de tu bautismo y márcalo en tu agenda y, cuando llegue ese día, trata de celebrarlo al igual que celebras tu cumpleaños, pero, sobre todo, da gracias a Dios.

Vida

Ilumina mi vida, Señor, para que pueda apreciarla como el don maravilloso que me ha sido otorgado y, por intercesión del joven santo Carlo Acutis, que sepa renunciar a las banalidades del mundo y buscar siempre las cosas del cielo, poniéndote siempre en el centro: «Vivir con Jesús, para Jesús, en Jesús». Amén.

Se rezan 5 «Padrenuestro», 5 «Avemaría» y 5 «Gloria al Padre», en acción de gracias a Dios por los dones concedidos a Carlo en los 15 años de su vida terrena.

El deseo de ser santos

Verdad

2Tim 1,8-11

No te avergüences de dar testimonio de nuestro Señor, ni de mí, su prisionero. Al contrario, soporta conmigo los sufrimientos por el evangelio, con la ayuda del poder de Dios, que nos ha salvado y nos ha llamado a una vida consagrada a él, no por nuestras obras, sino por pura voluntad suya y por la gracia que nos ha dado en Cristo Jesús, desde toda la eternidad, y que ahora se ha manifestado con la aparición de nuestro Señor, Cristo Jesús, que destruyó la muerte y ha hecho brillar la vida y la inmortalidad por el evangelio, del cual yo he sido constituido pregonero, apóstol y maestro.

«La santidad –nos dice Carlo–, no es una realidad lejana. Es posible a todas las edades. No es otra cosa que transfigurarse por la bondad y la oración. Es la luz de Dios que se refleja en nuestros ojos». Y, por otro lado, el papa Francisco nos recuerda que el Señor «nos quiere santos y no espera que nos conformemos con una existencia mediocre, aguada, licuada» (*Gaudete et exsultate*, 1). Por ello, el apóstol nos exhorta a no avergonzarnos de dar testimonio de aquel que nos ha llamado: Jesús de Nazaret.

Vivir los mismos sufrimientos de Cristo es materia de santidad. La madre de Carlo, comparándolo con las águilas que vuelan muy alto, cuenta que «aprendió a ver todo desde la perspectiva de Dios y no desde la del mundo», y el mismo Carlo pensaba que la santidad consistía en «levantar la mirada al cielo para mirar a Dios, en lugar de mirarnos a nosotros mismos».

Estas palabras del joven santo vienen a calar profundo en esta época de autorreferencias, egoísmos y cultos desmedidos a la personalidad; una sociedad de la imagen en la que los algoritmos se disparan cuando aparecemos en primera persona en las redes sociales, llegando a sentirnos tan bien detrás de la pantalla del móvil que nos olvidamos de los que tenemos alrededor. Llegamos a caer en el *yoísmo*: yo hice esto, ayer fui a tal sitio, hoy he comido aquello, estuve en tal parte, etc.; todo se vuelve hacia nosotros y, cuando los *likes* o las *visualizaciones* disminuyen, nuestras seguridades caen al suelo. En este mundo de luces, cámaras y acción, Carlo nos recuerda que «la santidad no es un proceso de adición, sino de sustracción: menos yo para dejarle espacio a Dios».

De hecho, san Pablo en la segunda Carta a Timoteo nos recuerda que «el Señor nos ha salvado y nos ha llamado a una vida consagrada a él», pero no por nuestro propio mérito, sino por pura gracia. Carlo había desarrollado esa relación íntima con el Señor, «era como si por gracia natural supiera, sin que nadie le hubiera enseñado, que solo si uno está profundamente unido al Señor puede aspirar a subir a la cima del pico más alto del "monte de la santidad", donde el cielo parece inclinarse sobre la tierra».

El obispo Domenico Sorrentino, antes de la beatificación de Carlo, decía que «debe enfatizarse que la santidad no quita nada de lo bueno, bello, justo a nuestra condición terrenal, sino que más bien hay que vivirla plenamente, pero introduciendo los valores evangélicos».

El papa Francisco insiste en que a través del «bálsamo de la santidad generada por la vida buena de tantos jóvenes, se pueden curar las heridas de la Iglesia y del mundo [...], los jóvenes santos nos animan a volver a nuestro amor primero (cf Ap 2,4)» (*Christus vivit*, 50). Así, por ejemplo, antes de Carlo, varios jóvenes, niños incluso, supieron llevar el tesoro de la fe y la santidad en ellos y convertirse en verdaderos *influencers*, no en su época, sino en la actualidad. Podemos destacar el ejemplo de santo Domingo Savio, santa Teresita del Niño Jesús o el venerable Mayorino Vigolungo, un niño que ofreció su vida por el apostolado de los medios de comunicación dentro de su naciente familia religiosa, la Sociedad de San Pablo. Son ejemplos de entrega, devoción y celo por el Evangelio, garantizando siempre la oración asidua.

Como afirma su madre: «En efecto, el rezo fue para Carlo, desde muy pequeño, uno de sus actos cotidianos, que juzgaba imprescindible en su camino hacia la santidad». «Lo único que tenemos que pedirle a Dios, en oración, es el deseo de ser santos», dijo Carlo.

Camino

«Levantar la mirada al cielo para mirar a Dios» son palabras de Carlo Acutis. ¿Hasta qué punto soy capaz de salir de mí mismo y poner a Cristo en primer lugar? ¿Soy verdaderamente testimonio ante los demás de una auténtica vida cristiana? ¿Cómo vivo mi consagración bautismal? ¿Tengo el deseo de ser santo? Ve delante del sagrario, pon tu mente en blanco, olvídate de todo a tu alrededor durante un momento y pídele a Dios que te haga verdaderamente santo.

Vida

Maestro divino, que lo único que cuente día tras día sea el deseo de agradarte, de servirte y adorarte y que, por intercesión de Carlo Acutis, el santo milenial, pueda alcanzar la santidad, la vocación primera del cristiano, consagrando mi vida al servicio de los demás por medio del Evangelio. Amén.

Se rezan 5 «Padrenuestro», 5 «Avemaría» y 5 «Gloria al Padre», en acción de gracias a Dios por los dones concedidos a Carlo en los 15 años de su vida terrena.

Día tercero

La libertad de vivir su fe

Verdad

Sant 1,2-4

Hermanos míos, tened como suprema alegría las diversas pruebas a que podéis ser sometidos, sabiendo que la fe probada produce la constancia. Pero que la constancia vaya acompañada de obras perfectas, para que seáis perfectos, irreprochables, sin dejar nada que desear.

«Mi hijo, ¿santo?» es la pregunta más común que le hacen a Antonia Salzano, la madre de Carlo, cuando habla de su hijo. Ella reconoce que la santidad es camino que se hace personalmente, desde esa relación con el Señor y con las ayudas que se ofrecen para lograr alcanzar este estado de vida. Sin embargo, la libertad que nos ha sido dada determina el poder llegar hasta esta meta: «Somos los principales responsables. Carlo decía que Dios da a todos los hombres innumerables posibilidades para hacer el bien. Y la vida misma, a través de los sufrimientos y también de las alegrías que encierra, contribuye a nuestra santificación».

Libertad. ¡Qué hermosa palabra! Tantas veces manipulada para nuestra conveniencia. Cuando el Santo Padre en *Christus vivit* se refiere a la paternidad, usa como modelo de padre a Dios, como no podía ser de otra manera, sobre todo enfatiza que a la vez que Él nos sostiene con firmeza, «respeta hasta el fondo nuestra libertad». Es a esto a lo que se refiere Carlo.

En este sentido, Antonia confiesa, años después del fallecimiento de su hijo, que «nunca se consideró a sí misma tan buena como era su hijo, pero que hizo todo lo posible por criarlo favoreciendo su tendencia a una forma de vida evidentemente cristiana: "Le di la libertad de vivir su fe y algunas buenas reglas morales, pero mi esposo y yo realmente no necesitábamos darle mucho"».

Antonia ha reconocido que no era precisamente practicante, pero que concedió a su hijo la libertad de expresar su fe. Gracias a su niñera, Beata, una joven polaca que trabajó para ellos durante los primeros años de Carlo, el pequeño fue aprendiendo muchas nociones de fe. «Empezó a hacerle rezar por los que ya no estaban, ayudándole a comprender que hay una continuidad plena entre la vida terrenal y la espiritual», comenta la madre.

Hoy podemos apreciar un mundo que está muy necesitado de vivir una espiritualidad profunda que pueda ofrecer un remanso de paz dentro de la vida agitada. «A menudo se vive con demasiada prisa», decía Carlo. Con frecuencia encontramos todo tipo de publicidad ofreciendo viajes a distintos destinos, sesiones de yoga o cualquier otro tipo de actividades en las que se pueda experimentar algún tipo de *experiencia mística* o simplemente un pequeño «descanso» del mundo convulso en el que vivimos. Las preocupaciones existenciales se disparan a diario, ya no propiciadas por las típicas preguntas sobre de dónde venimos o hacia dónde vamos, sino tratando de escapar de los problemas cotidianos.

De hecho, el joven Carlo «siempre pensó que la mayoría de las personas vuelcan en exceso su interés hacia las cosas materiales y descuidan, por lo tanto, el aspecto sobrenatural de sus vidas, de manera que no se dan cuenta de que la riqueza que Jesús nos dejó cuando creó los sacramentos es muy superior a todas las riquezas materiales que se pueden acaparar en la tierra».

El apóstol Santiago nos refiere en su Carta que la fe, para que sea constante debe ser probada. Al tener la libertad de poder profesar nuestra fe, nos enfrentamos a muchas pruebas en el mundo: odio a la fe, arraigado laicismo o posturas ideológicas. La tarea aquí es afrontarlas con valentía, con determinación, y mostrarnos tal como somos, cristianos orgullosos de su fe, como lo fue Carlo, para poder llevar un poco de esperanza durante nuestra peregrinación por este mundo y haciéndoles ver a todos que una vida con Cristo en libertad es lo mejor que nos puede pasar.

Camino

«¡Soy libre, soy libre! Enamórense de esta libertad, que es la que ofrece Jesús», exhorta el papa Francisco en *Christus vivit*, 122. ¿Soy consciente de la libertad que me ha dado el Señor para actuar? ¿Cómo vivo esa libertad de hijo de Dios? ¿Soy capaz de vivir mi fe de manera libre, sin ningún tipo de condicionamientos? ¿Soy verdaderamente libre? Las redes sociales son campanarios digitales desde donde se puede hacer resonar nuestra identidad cristiana. Expresa tu fe a través de ellas, proponiendo algún tipo de *challenge* cristiano, creando algún *hashtag* o sencillamente siendo verdadero testimonio cristiano en tus historias diarias.

Vida

Gracias, Padre, por la libertad que nos has brindado y que nos recuerda tu amor por nosotros. Haz que sepamos corresponder fielmente a ella, confiando en tu Palabra divina, y que por la mediación de Carlo Acutis yo pueda vivir con alegría mi fe. Amén.

Se rezan 5 «Padrenuestro», 5 «Avemaría» y 5 «Gloria al Padre», en acción de gracias a Dios por los dones concedidos a Carlo en los 15 años de su vida terrena.

Día cuarto

Mi autopista hacia el cielo

Verdad

Jn 6,27

Procuraos no el alimento que pasa, sino el que dura para la vida eterna; el que os da el hijo del hombre, a quien Dios Padre acreditó con su sello.

«Si reflexionamos detenidamente, somos mucho, mucho más afortunados que los que vivieron junto a Jesús en Palestina hace más de 2.000 años. Los apóstoles, los discípulos, la gente de aquellos tiempos podían encontrarse con él, tocarlo, hablarle, pero estaban limitados por el espacio y el tiempo. Muchos tenían que caminar kilómetros para encontrarlo, pero no siempre era posible acercarse a él, porque siempre estaba rodeado de multitudes. Pensemos en Zaqueo, que se subió a un árbol para verlo. A nosotros, en cambio, nos basta con ir a la iglesia más cercana, y ya tenemos Jerusalén al lado de nuestra casa», decía el joven Carlo.

Jesucristo es Camino, Verdad y Vida en la Eucaristía, donde está presente con su cuerpo y con su sangre. Él está en el sagrario y nos llama. Quiere iluminar, instruir, enfervorizar, consolar, animar a todos: «Venid a mí todos los que estáis cansados y oprimidos, y yo os aliviaré» (Mt 11,28). Para ello es necesario, sobre todo, que nos pongamos en comunicación íntima con Jesucristo, Maestro divino. Para Carlo la Eucaristía celebrada y el sagrario donde se reserva luego, todo ello, era su «autopista más segura hacia el cielo», un camino directo y sin obstáculos a la santidad, una vía que conectaba su mente y su corazón de forma íntima con Dios. Siempre recomendó esa contemplación de Jesucristo, maestro eucarístico, convencido de todas las gracias que se pueden recibir de tan admirable sacramento. Dios se hizo carne y quiso morar entre nosotros y quedarse para siempre para darnos vida.

Acudir a misa, visitar el sagrario de cualquier templo en el mundo significa «un encuentro de todo el ser con Jesús; es el discípulo ante al Divino Maestro; se trata del sediento que bebe de la Fuente; del amigo que acude al verdadero Amigo; del joven que halla orientación para su vida. Es una savia o corriente vital, que influye en todo, comunica el espíritu incluso a las cosas más comunes. Forma una espiritualidad que se vive y se comunica. Forma el espíritu de oración que, cultivado, transforma todo trabajo en oración» (Beato Santiago Alberione).

A esa autopista se refiere Carlo. Al único camino que conduce al Padre. Al camino seguro por el que hay que transitar para obtener las gracias que más se necesitan, no solo para nosotros, sino para todos. Carlo sabía que con la adoración eucarística durante al menos una hora se podían ganar indulgencias.

Motivado por esa idea, procuraba hacerla a diario, pero no para él mismo, sino pensando en quienes más pudieran necesitarlas. Es la constatación de querer olvidarse de sí mismo para vivir por los demás.

Con la exposición de los Milagros eucarísticos en el mundo, que él mismo organizó por Internet, pretendía «hacer llegar a quien quisiera la gran verdad que debía cambiarles la vida, la de la carnalidad real de Jesús durante el sacramento de la Eucaristía; convencer por este medio a todos los no creyentes, o a todos los que dudaban, de que Jesús está presente de forma real en la materia eucarística, de que las hostias y el vino que se consagran en la misa se convierten verdaderamente en el cuerpo y en la sangre de Jesús, pero no de forma simbólica, sino real».

Camino

«La comunión diaria ayudaba a Carlo a enfrentarse al deseo de seguir un camino cómodo, o a adorar a los falsos ídolos que la vida actual nos ofrece diariamente», testimonia su madre. ¿Con cuánta frecuencia y de qué forma nos acercamos a la Eucaristía, fuente de vida? ¿Somos conscientes de la gracia de la que somos partícipes cuando nos acercamos a la Eucaristía? Recibir a Jesús Eucaristía implica un cambio en nuestra vida, quien se acerca a Jesús tiene que pasar por una transformación de todo su ser: mente, voluntad, corazón. Ponte ante el sagrario y habla con Jesús, como con un amigo.

Vida

Oración que Carlo rezaba tras la consagración:

«Por el Sagrado Corazón de Jesús y por el Corazón Inmaculado de María, te ofrezco todas mis súplicas y te pido que me las concedas [...]. Llagas de Jesús, bocas de amor y de misericordia para nosotros, hablad propicias por nosotros al Padre celestial y obtened para nosotros una íntima transformación».

Al finalizar la comunión, decía:

«Jesús, ¡ponte cómodo!, ¡haz de cuenta que estás en tu casa!».

Se rezan 5 «Padrenuestro», 5 «Avemaría» y 5 «Gloria al Padre», en acción de gracias a Dios por los dones concedidos a Carlo en los 15 años de su vida terrena.

La escalera más corta para subir al cielo

Verdad

Lc 1,48-50

Desde ahora me llamarán dichosa todas las generaciones, porque el todopoderoso ha hecho conmigo cosas grandes, su nombre es santo; su misericordia llega de generación en generación a todos sus fieles.

«Carlo decía que cada vez que nos dirigimos a la Madre de Dios, nos ponemos en contacto directo e inmediato con el cielo. Casi, casi, entramos dentro. Al llamarla "llena eres de gracia", invocándola así, damos testimonio de nuestra confianza filial. Su intercesión es segura. El género humano, en María, ha sido elevado a la dignidad sobrenatural. Dios asoció una criatura con la Madre. ¡Misterio!».

Qué profundidad de pensamiento el del joven Carlo. Ciertamente estaba impregnado de la fuerza del Espíritu para decir semejantes palabras. Al igual que Isabel cuando recibe la visita de María en su casa, hecho que suscita el hermoso himno de María en el que profetiza «me llamarán dichosa todas las generaciones». Así pues, Carlo en su tiempo también llamó «dichosa» a María por haber creído y cumplir lo que se le había dicho.

Carlo escribió sobre la Virgen María: «Es un modelo ejemplar, y su ejemplo de fe, con el apoyo de su caridad perfecta, nos tiene que animar a seguir nuestro camino hacia la santidad a pesar de nuestras debilidades». «Es la única mujer de mi vida», llegó a decir. Qué elogios más hermosos dirigía Carlo a la Madre de Dios. Comprendió que María es el canal perfecto de santidad por el cual

Dios vino a los hombres y los hombres podemos ir a Dios. A temprana edad se consagró a la Virgen e incluyó el rosario asiduo dentro de su *kit* para hacerse santo. Contemplar los misterios de la vida de Jesús era para él adentrarse en la santidad primera de quien nos amó tanto, hasta el punto de entregar su vida por nosotros. De eso trata el rezo del rosario, de que, con cada Avemaría, se pueda meditar en la vida de Cristo a través de los ojos de su Madre.

Carlo consideraba a nuestra Señora «como Madre amorosa a quien dedicar renuncias y continuos sacrificios». «El rosario es la escalera más corta para subir al cielo –solía repetir a sus amigos cuando les invitaba a rezar a su lado–. Después de la Sagrada Eucaristía, el santo rosario es el arma más poderosa para luchar contra el Diablo», les decía también.

Ojalá podamos darle la importancia que se merece a esta oración, netamente bíblica y no la veamos como «una forma repetitiva y un tanto arcaica de rezo», sino como lo que realmente era para Carlo: «un alimento diario para su espíritu». Adentrarnos en esta devoción, como él lo hacía, es considerar que María es modelo de santidad solo por medio de los méritos de su Hijo y que fue el mismo Jesús quien nos la propuso como tal al declarar: «Dichosos más bien los que escuchan la palabra de Dios y la ponen en práctica» (Lc 11,28).

Carlo se interesó por las apariciones marianas y sus mensajes porque veía en ellos una verdadera experiencia de que la Virgen camina siempre con nosotros. Tuvo la oportunidad de visitar diversos santuarios marianos como Lourdes o Fátima y siempre se impresionó de la actualidad de aquellos mensajes, aún mucho tiempo después de esas manifestaciones. Todo es cuestión de fe. ¡Y vaya que este joven sabía vivir su fe! Como buen catequista, siempre intentó encontrar formas nuevas para ayudar a los demás a comprender y reforzar su fe. Por eso, después de haber creado la exposición en Internet sobre los Milagros eucarísticos, Carlo inició en 2006 otra exposición dedicada a la Virgen María, pero no pudo finalizarla a causa de la leucemia fulminante que se lo llevó al cielo en tan solo unos días. Esta fue terminada en 2014 por la Asociación Carlo Acutis y puedes visitarla en *www.aparicionesdelavirgenmaria.org*.

Camino

Para Carlo, «María Santísima, Madre del Salvador, caminó con Jesús todas las etapas de su existencia terrena», nadie puede comprender mejor a un hijo que una madre. ¿Reconozco en María el modelo de santidad cumplido según las palabras de Jesús en Lc 11,28? ¿Con qué frecuencia nos adentramos en el misterio de María como Madre de Dios? ¿En qué medida rezamos el rosario con devoción y sin distracciones? Reza un rosario por los jóvenes del mundo.

Vida

Bendita sea tu pureza y eternamente lo sea, pues todo un Dios se recrea en tan graciosa belleza. A Ti, celestial Princesa, Virgen Sagrada María, yo te ofrezco en este día alma, vida y corazón. Mírame con compasión, no me dejes, Madre mía.
Carlo Acutis, junto a la Madre de Dios, ruega al Señor por nosotros.

Se rezan 5 «Padrenuestro», 5 «Avemaría» y 5 «Gloria al Padre», en acción de gracias a Dios por los dones concedidos a Carlo en los 15 años de su vida terrena.

Estar siempre unido a Jesús

Verdad

Gál 2,19-21

Pues yo, por la ley, he muerto a la ley, a fin de vivir para Dios. Estoy crucificado con Cristo; y ya no vivo yo, pues es Cristo el que vive en mí. Mi vida presente la vivo en la fe en el Hijo de Dios, el cual me amó y se entregó a sí mismo por mí.

El pequeño Carlo tenía una predilección por los demás no muy común para los chicos de su edad. Se preocupaba tanto que, sin descuidar sus deberes escolares y académicos, dedicaba parte de su tiempo a realizar distintos actos de caridad, a dar catequesis y ayudar a los demás si hacía falta, «se entregaba a los demás sin ningún tipo de reservas; salía siempre en defensa de los más débiles, chavales de los que se burlaban por sus malas calificaciones, discapacitados, víctimas de *bullying*, inmigrantes, o cualquiera que necesitara su ayuda». No obstante, esto nunca hizo que dejara de ser un niño o adolescente de su época.

Podemos pensarlo como uno de nosotros, con nuestras limitaciones y problemas, pero siempre dedicándose a compartir lo que podía con los demás; al igual que en la parábola de los talentos, poniendo siempre a disposición de los otros sus capacidades con generosidad; o como la viuda del templo, ofreciendo lo mejor que podía dar, incluso él mismo. Si queremos descifrar cuál era el interés del joven Carlo, se puede decir que únicamente «estar siempre unido a Jesús», como él lo entendía, era su programa de vida. Era tanto el amor a Jesús que irradiaba, que llegaba a contagiar a todos.

Por ejemplo, Rajesh Mohur, un hindú que trabajaba en su casa, narra que por las conversaciones intensas y profundas que tenía con Carlo llegó a convertirse: «Carlo me decía que yo sería más feliz si me acercaba a Jesús. Pedí el bautismo cristiano porque él me contagió y cautivó con su profunda fe, su caridad y su pureza. Siempre le consideré como alguien fuera de lo normal, porque un chico tan joven, tan guapo y tan rico normalmente prefiere llevar una vida distinta», comentaba Rajesh en un diálogo con periodistas en el año 2014.

Si queremos asociar todavía más la vida de Carlo con la de Jesús hasta llegar a hacer un paralelismo, podemos leer las últimas páginas de su vida. Entregar la propia vida es un acto de valentía, coraje y determinación, pero sobre todo de fe; especialmente cuando eres solo un adolescente. Carlo supo afrontar el diagnóstico mortal de la enfermedad que padecía con fe: «Estoy contento de morir, porque he vivido mi vida sin malgastar ni un solo minuto de ella en cosas que no le gustan a Dios». Son palabras pronunciadas desde la más firme convicción de que su conexión con Cristo era tan real a la vez que mística. Sin embargo, no dejan de ser palabras de un adolescente. Carlo supo asociar las palabras del apóstol al momento que estaba viviendo: «he muerto a la ley, a fin de vivir para Dios».

Carlo había experimentado estas palabras en su vida. Estuvo en este mundo, pero sabía que ya pertenecía al Señor, que su sufrimiento en el hospital era el colofón de una vida de entrega a los demás, ahora le tocaba sufrir con Cristo en esa cama de hospital que se había convertido en su cruz, convencido de que había vivido su vida y estaba viviéndola en la fe en el Hijo de Dios, que lo amó y se entregó a sí mismo por él. Para ello era primordial tener una vida conforme al Evangelio.

«Para Carlo, solo cuando lleguemos a estar completamente libres del pecado y de todo apego que nos aleje de Dios, podremos ser verdaderamente felices y estar serenos», comenta su madre. Y es el consejo que podemos tomar como si viniese del mismo Carlo, preocuparnos en agradar a Dios y pensar en las cosas de este mundo como medios para llegar al cielo: «Lo que nos impide vivir así con Dios y ser gozosos y puros en su presencia son las preocupaciones, los falsos temores y las curiosidades vanas». Carlo cumplió siempre con su programa de vida hasta llegar de decir «ya no vivo yo, es Cristo el que vive en mí».

Camino

«Estar siempre unido a Jesús, este es mi programa de vida» era la frase que amaba decir Carlo. Para él era importante dedicarse enteramente al Señor y afirmaba que «la conversión no es sino mover la mirada de abajo hacia arriba». Poner la mirada fija en el cielo. ¿En dónde tienes puesta tu mirada? ¿Dedicas tu tiempo, energía, talentos, fuerzas físicas en ayudar a los demás? ¿Sabes asociarte al sufrimiento de los otros? ¿Te sientes unido a Jesús? ¿Agradeces a Dios por todos los beneficios que te brinda diariamente?

Vida

Que reconozca, Señor, tu gracia en los sufrimientos que puedan agobiarme y que, siguiendo el ejemplo del joven apóstol de los milenial, pueda exclamar, junto con san Pablo, «ya no vivo yo, es Cristo el que vive en mí».

Se rezan 5 «Padrenuestro», 5 «Avemaría» y 5 «Gloria al Padre», en acción de gracias a Dios por los dones concedidos a Carlo en los 15 años de su vida terrena.

Día séptimo

El paraíso

Verdad

Lc 23,39-43

Uno de los criminales crucificados le insultaba diciendo: «¿No eres tú el mesías? Sálvate a ti mismo y a nosotros». Pero el otro le reprendió diciendo: «¿Ni siquiera temes a Dios tú que estás en el mismo suplicio? Nosotros estamos aquí en justicia, porque recibimos lo que merecen nuestras fechorías; pero este no ha hecho nada malo». Y decía: «Jesús, acuérdate de mí cuando vengas como rey». Y le contestó: «Te aseguro que hoy estarás conmigo en el paraíso».

«Vivo de la fe en el Hijo de Dios, que me amó y se entregó a sí mismo por mí» (Gál 2,20). Vivo por la gracia que me ha sido dada a través de la entrega inconmensurable y misericordiosa del Hijo de Dios, que vino al mundo para redimirnos del pecado. Se trata del héroe que se da a sí mismo sin pedir nada a cambio. Un héroe sin capa ni espada. Es Dios de pies a cabeza que, sin embargo, sufre como hombre de la cabeza a los pies.

La madre de Carlo, Antonia, cuenta que su hijo pasó largas horas de contemplación en torno a Cristo crucificado y resucitado y ante su Santísima Madre al pie de la cruz, lo que le llevó «a profundizar en el misterio del sufrimiento humano, origen del mal, pero sobre todo en el sentido y el valor que la fe cristiana da a los grandes interrogantes del hombre sobre la muerte, el sufrimiento, la enfermedad y el destino final del hombre». Carlo llegó a expresar que, «cuantas más eucaristías recibamos, más nos pareceremos a Jesús, y ya en esta tierra disfrutaremos del Paraíso». «Cristo, por amor, se entregó hasta el final para salvarnos... sus brazos abiertos en la Cruz son el signo más precioso de un amigo capaz de llegar hasta el extremo», nos recuerda el papa Francisco en *Christus vivit* (n. 118), y continúa, «el amor del Señor es más grande que todas nuestras contradicciones, que todas nuestras fragilidades y que todas nuestras pequeñeces, pero es precisamente a través de nuestras contradicciones, fragilidades y pequeñeces como Él quiere escribir esta historia de amor» (n. 120).

Aferrarnos a Él es la garantía del paraíso en nuestras vidas, de ello estaba convencido nuestro protagonista. En este mundo en el que las falsas ideologías y las doctrinas vacías intentan acaparar nuestras vidas, muchas veces en búsqueda –¿búsqueda de qué? A veces ni lo sabemos–. Existen momentos en los que se sienten vacíos que agobian nuestro ser, creando una vorágine inexplicable de distorsionados placeres solo para hacernos creer que en lapsos cortos de tiempo somos capaces de llegar a lo que llamamos paraíso, sin percatarnos de que es solo «la libélula vaga de una vaga ilusión», como diría Rubén Darío.

Son muchos los santos que se refieren al anhelo de poder estar con el Señor. De hecho, grandes místicos han abrazado la experiencia de vivir en Jesucristo como el propio paraíso en la tierra, al igual que lo pensaba Carlo. El beato Santiago Alberione, fundador de la Familia Paulina, parafraseando a san

Pablo, deseaba para sus hijos e hijas la plena configuración de la persona con Jesucristo Maestro: «hasta que Cristo sea formado en vosotros» (Gál 4,19).

Al pensar en la Eucaristía como autopista hacia el cielo, Carlo intuía la necesidad de Cristo, hecho carne, para ir al paraíso. Pero, no solo esa necesidad imperiosa de configurarse con Cristo, sino el deseo mismo de ir al cielo: «Si Francisco, que era tan bueno, tan noble y simple, tuvo que recitar tantos rosarios para ir al paraíso, ¿cómo podré merecerlo también yo, que soy tan poco santo en comparación con él?», se preguntaba al reflexionar sobre la figura de san Francisco de Asís, un gran santo al que admiró hasta el punto de querer quedarse en Asís.

«La belleza de la vida no depende de su duración, sino de si será posible o no poner a Dios en primer lugar», reflexionaba Carlo. Para él, si se logra amar a Dios sobre todas las cosas, se recibirán directamente de Dios las llaves para abrir las puertas que conducen al paraíso.

Camino

«Dichosos los pobres de espíritu, porque de ellos es el reino de Dios», le gustaba citar a Carlo, preguntándose quiénes eran estos. La madre de Carlo relata que su hijo estaba convencido de que la belleza de la vida depende de si será posible o no poner a Dios en primer lugar. ¿Qué lugar ocupa Dios en mi vida? ¿Busco aquellas formas de diversión a las que solemos llamar «paraíso», pero una vez que pasan, la realidad vuelve a golpearnos con más fuerza? ¿Qué méritos estoy haciendo para ganar el paraíso?

Vida

Padre y Señor nuestro, ayúdanos a gozar de tu presencia en esta vida para anhelar día a día el paraíso que tienes preparado, de modo que, cuando llegue el momento, podamos contemplar tu rostro misericordioso en compañía del bienaventurado Carlo, tu elegido.

Se rezan 5 «Padrenuestro», 5 «Avemaría» y 5 «Gloria al Padre», en acción de gracias a Dios por los dones concedidos a Carlo en los 15 años de su vida terrena.

Todos nacen como originales, pero muchos mueren como fotocopias

Verdad

Jn 1,47-49

Jesús vio a Natanael, que se le acercaba, y dijo de él: «Este es un israelita auténtico, en el que no hay engaño». Natanael le dijo: «¿De qué me conoces?». Jesús le contestó: «Antes que Felipe te llamase, te vi yo, cuando estabas debajo de la higuera». Natanael le respondió: «Rabí, tú eres el hijo de Dios, tú eres el rey de Israel».

Carlo, como afirma el papa Francisco, «sabía muy bien que los mecanismos de la comunicación, de la publicidad y de las redes sociales pueden ser utilizados para volvernos seres adormecidos, dependientes del consumo y de las novedades que podemos comprar, obsesionados por el tiempo libre, encerrados en la negatividad» (*Christus vivit*, 105). La cultura de la apariencia nos reclama para sí todos los días, haciéndonos creer que valemos más por seguir estándares preestablecidos que por la autenticidad de nuestra vida. Somos seres inconformes que siempre queremos más. Esto no supone un problema cuando se debe a un anhelo de superación personal, profesional y hasta pastoral; pero se convierte en un gran problema cuando la ansiedad por poseer y formar parte del colectivo nos llena de inseguridades y complejos, pero más aún, nos alejan del amor de Dios.

La maravillosa omnipotencia de Dios creador ha hecho que ninguno de los seres humanos seamos plenamente iguales. Hasta los gemelos tienen rasgos por los cuales pueden llegar a ser diferenciados. Somos únicos. De ello era consciente Carlo. No solo genéticamente, sino también en actitud y pensamiento. El Señor nos ha dotado de grandes virtudes y de dones para ser compartidos. Nuestras capacidades son diferentes y es ahí donde radica nuestra riqueza: muchos carismas, pero un solo Dios y Padre.

En el mundo hay una obsesión por seguir modas que en un abrir y cerrar de ojos pasan. Todo pasa, pero Dios permanece siempre eterno, inmóvil y a la vez renovado. Dios no es una moda y de eso estaba seguro Carlo. Al decir que «todos nacen como originales, pero muchos mueren como fotocopias», quería «provocar la reflexión de los jóvenes para que buscasen en su interior su propio talento, su originalidad, para que vivieran su propia vida y emprendiesen su propio camino, sin imitar de forma mecánica las conductas que observaban en otras personas».

Es cuestión de autenticidad. Jesús elogia a Natanael por ser «un israelita auténtico». Ser auténtico es cuestión de principios e implica tener fidelidad a lo que uno es y lo que hace, y responsabilidad ante las acciones que ello conlleve. La autenticidad va más allá de lo desinhibida o espontánea que pueda ser una persona, se trata de ser firmes en nuestras convicciones, aunque con ello nos quieran llamar de muchas maneras. Ya nos decía el papa Francisco hace un tiempo: «No tengáis miedo de ir a contracorriente, cuando nos quieren robar la esperanza, cuando nos proponen estos valores que están pervertidos, valores como el alimento en mal estado, y cuando el alimento está en mal estado, nos hace mal» (*Ángelus*, 23 de junio de 2013).

No debemos traicionar quiénes somos de verdad. Debemos presentarnos con libertad y entusiasmo ante los demás sin perder nuestra esencia, dejando que nuestros talentos salgan a flote para ponerlos al servicio de los demás, dando a conocer nuestros puntos de vista y opiniones y escuchando la de los demás, sin caer en la discusión estéril de quienes quieren desafiarnos en un duelo que busca un vencedor y nada más, como si de una competición se tratara.

Dios nos conoce y nos ama como somos. Carlo lo entendía y nos invita hoy a ser originales, a creer en nosotros mismos hasta el punto de rechazar todo tipo de manipulación ideológica o consumista. «Invoca al Espíritu Santo y camina con confianza hacia la gran meta: la santidad. Así no serás una fotocopia. Serás plenamente tú mismo» (*Christus vivit*, 107).

Camino

«No tengáis miedo de ir a contracorriente», no tengas miedo de mostrarte tal como eres, quién eres y lo que crees. No tengas miedo de abrirte a la gracia de Cristo. ¿He faltado a mis convicciones e ideales por tratar de encajar en determinado grupo social? ¿He callado por vergüenza o miedo ante las injusticas o planteamientos no cristianos? ¿Hemos sido fotocopias? Acércate con frecuencia al sacramento de la Confesión y reconcíliate con el Creador.

Vida

Maestro divino, que tu gracia me acompañe toda la vida para que sea capaz de testimoniar mi fe en hechos y de palabra, y por intercesión del bienaventurado Carlo, dame la gracia de poder amarte sin reservas.

Se rezan 5 «Padrenuestro», 5 «Avemaría» y 5 «Gloria al Padre», en acción de gracias a Dios por los dones concedidos a Carlo en los 15 años de su vida terrena.

Kit para hacerse santo

Verdad

Lc 12,35-40

«Estad preparados y tened encendidas vuestras lámparas. Sed como los criados que esperan a su amo de retorno de las bodas para abrirle tan pronto como llegue y llame. ¡Dichosos los criados a quienes el amo encuentra en vela a su llegada! Os aseguro que los hará sentar a la mesa y se pondrá a servirlos él mismo. Si llega a medianoche o de madrugada y los encuentra así, ¡dichosos ellos! Tened en cuenta que si el amo de casa supiera a qué hora iba a venir el ladrón, estaría en guardia y no dejaría que asaltaran su casa. Estad preparados también vosotros, porque a la hora que menos penséis vendrá el hijo del hombre».

No cabe duda de que los métodos didácticos del joven Carlo para la transmisión del Evangelio fueron, además de creativos, muy actuales. Utilizó los medios tecnológicos que le permitían llegar al mayor número de personas, adaptando las formas y el lenguaje según el momento y el público al que se dirigía, con el fin de que las personas conocieran el mensaje de Jesús y la salvación: la salvación de las almas, la santidad de las personas era lo que siempre buscaba.

De este modo, en su afán de «que todos los hombres se salven y lleguen al conocimiento de la verdad» (1Tim 2,4), de «ayudarlos a progresar espiritualmente», en una etapa de su corta vida enseñó catecismo a niños y, entre todas las formas de hacer penetrar en ellos la verdad de Jesucristo Maestro, les ofreció un método novedoso de llegar a la santidad.

No se trataba de realizar cosas extraordinarias o extrañas, desarrollar algún tipo de habilidad sobrehumana o escindirse del mundo, al contrario, se trataba de vivir con intensidad la propia vida cristiana, rompiendo esquemas predeterminados por una sociedad cada vez más indiferente. A ese método lo llamaba «*kit* para hacerse santo»: «Quiero confiaros algunos de mis secretos muy especiales que os ayudarán a alcanzar rápidamente la meta de la santidad. ¡Recordad siempre que también vosotros podéis ser santos! Ante todo, hay que quererlo con todo el corazón, y si aún no lo queréis, hay que pedírselo al Señor con insistencia», solía decir. Este *kit* está compuesto por: misa y comunión diaria, adoración eucarística, rezo diario del santo rosario, lectura diaria de la Biblia, Confesión, propósitos para ayudar a los demás, devoción al ángel de la guarda. Se trata de sencillas y significativas acciones, pero que ayudan a preparar el corazón y el alma para la santidad. Según el pensamiento de este joven del siglo XXI, llegar a la santidad no es cosa difícil, pero se necesita estar vigilantes y preparados.

La parábola que quiere iluminar este último día de la novena tiene un carácter escatológico, es decir, se refiere a los últimos días que, si queremos hacer una lectura actual, tiene que ver con nuestro fin en la tierra, «porque la vida de los que creemos en Cristo no termina, se transforma» (*Misal romano, prefacio de difuntos*). A esto se refería Carlo cuando hablaba de santidad.

No se trata de conceptos abstractos o de ilusiones vagas, sino de una certeza: Jesús de Nazaret. El Hijo de Dios ha venido a la tierra en una ocasión, ahora esperamos su venida definitiva, pero mientras aguardamos este día, nos toca anhelar el cielo. Seguro que cuando vas a dar una fiesta en tu casa lo preparas todo con anticipación, haces la «lista de cosas por hacer» para que, cuando llegue el día, salga estupendamente.

El *kit* presentado por Carlo es esa «lista de cosas por hacer» mientras aguardamos el día de la llegada del Señor, teniendo encendidas nuestras lámparas de la fe, de la esperanza y de la caridad, de modo que nos encuentre en vigilante espera. «Nuestra meta debe ser el infinito, no el finito. El infinito es nuestra Patria. Desde siempre el cielo nos espera. [...] Si Dios posee nuestro corazón, poseeremos el infinito».

«Carlo nos remite a aquello que es más importante, que es poner a Dios en el primer lugar de nuestra vida. [...] Seguramente hoy, que rige una sociedad basada en lo efímero, en la exaltación del yo, donde se olvida la existencia de Dios, el mensaje de Carlo es profético. [...] Carlo encarnaba su vida de fe, la vivía cotidianamente, se percibía», decía la madre de Carlo después de su muerte.

Camino

Poner a Dios en primer lugar es la invitación que hace Carlo con su testimonio de vida. Son muchos los caminos que se nos pueden ofrecer, pero solo uno conduce al Padre: Cristo. ¿Cuántos de los consejos que Carlo da en su *kit* practicas habitualmente? ¿Cómo es mi relación con el Señor? ¿Mantengo encendidas mis lámparas esperando el día en el que el Señor me llame a contemplar su rostro? ¿En qué medida anhelas la santidad?

Vida

Maestro divino, que has elegido entre tus predilectos al bienaventurado Carlo Acutis, haz que, imitando sus santas virtudes, anhele la santidad que tanto predicó con su palabra y su ejemplo, para que así, llegado el momento, también yo sea merecedor de la eterna bienaventuranza.

Se rezan 5 «Padrenuestro», 5 «Avemaría» y 5 «Gloria al Padre», en acción de gracias a Dios por los dones concedidos a Carlo en los 15 años de su vida terrena.

Bibliografía

Alberione S., *Oraciones de la Familia Paulina*, San Pablo, Madrid 2014.

Conferencia Episcopal Española, *Misal romano*, Libros litúrgicos, 2016.

Manso J., *Levantar la mirada. Vida del beato Carlo Acutis, el «apóstol de los milenials»*, San Pablo, Madrid 2023.

Papa Francisco, *Ángelus,* 23 de junio de 2013, www.vatican.va.

Papa Francisco, *Christus vivit*, San Pablo, Madrid 2019.

Salzano A. - Rodari P., *El secreto de Carlo Acutis. Por qué mi hijo es considerado un santo*, San Pablo, Madrid 2022.

Índice

Otros libros de Carlo Acutis

La madre de Carlo ha querido escribir un libro con el corazón para ayudar a muchos de sus devotos a conocerlo y amarlo. ¿Cuál era su secreto? Ella lo revela en este libro.

El autor nos ofrece una formidable biografía de Carlo Acutis. Describe, con un cierto aire periodístico, la historia de este joven cuya existencia estuvo marcada por la Eucaristía y la caridad.

La madre de Carlo ha querido escribir un libro con el corazón para ayudar a muchos de sus devotos a conocerlo y amarlo.

¿Cuál era su secreto?

Ella lo revela en este libro.